BEI GRIN MACHT SICH IHR
WISSEN BEZAHLT

- Wir veröffentlichen Ihre Hausarbeit,
  Bachelor- und Masterarbeit

- Ihr eigenes eBook und Buch -
  weltweit in allen wichtigen Shops

- Verdienen Sie an jedem Verkauf

Jetzt bei www.GRIN.com hochladen
und kostenlos publizieren

Olivia Bühlinger

Obstjoghurt herstellen mit Kindern

Hauswirtschaftliches Angebot für Kindergartenkinder

GRIN Verlag

Bibliografische Information der Deutschen Nationalbibliothek:

Die Deutsche Bibliothek verzeichnet diese Publikation in der Deutschen National-
bibliografie; detaillierte bibliografische Daten sind im Internet über http://dnb.d-
nb.de/ abrufbar.

Impressum:

Copyright © 2010 GRIN Verlag GmbH
Druck und Bindung: Books on Demand GmbH, Norderstedt Germany
ISBN: 978-3-656-57379-1

Dieses Buch bei GRIN:

http://www.grin.com/de/e-book/266642/obstjoghurt-herstellen-mit-kindern

1.0 Situationsanalyse

1.1 Institutionelle Rahmenbedingungen

Thema der Einrichtung:

Die Einrichtung behandelt zurzeit das Thema „Bewegung".

Der Schwerpunkt hierbei liegt auf Musik und Frühling.

Dieses Thema wird im Morgenkreis besprochen, Lieder werden dazu gesungen und Bewegungsspiele werden gemacht.

Während der Angebotszeit werden jedoch Themen aller Art behandelt.

Gekocht und gebacken wird hier, wenn die Situation es verlangt, d.h. an Weihnachten (Weihnachtsgebäck), Fasnacht („Fasnetsküchle"), im Herbst (Kürbissuppe). In letzter Zeit habe ich mit den Kindern einen Kuchen gebacken, da die Kinder momentan großes Interesse für das Backen und Zubereiten von Lebensmitteln zeigen.

Didaktische Konzeption:

Die Einrichtung ist eine offene Einrichtung, doch während der Angebote sind die Kinder in Große (5-7 Jahre) Mittlere (4-5 Jahre) und Kleine (3-4 Jahre) unterteilt. Das Folgende Angebot möchte ich mit der Hälfte der Mittleren durchführen (6 Kinder). Während der Abschlussphase darf jedoch die ganze Gruppe dabei sein.

1.2 Situation der Adressaten:

Wurde aus Datenschutz herausgenommen.

2.0 Sachanalyse

2.1 Informationen zum Thema

Dadurch, dass die Eltern immer weniger Zeit haben und die Kinder sich immer ungesünder ernähren, möchte ich durch mein Angebot „Obstsalat herstellen" die Kinder motivieren Obst zu Probieren, es kennen zu lernen und den Kindern Wissen und Kenntnisse vermitteln (Die Kinder sollen z.B. im Umgang mit dem Messer geschult werden).

Sechs Kinder von den „Mittleren" bereiten Obst-Joghurt vor um ihn anschließend mit der gesamten Gruppe (12 Kinder) zu verspeisen. Die Kinder sollen sich in der Motivationsphase Wissen aneignen, Neugierde und Spaß am Obst entwickeln.

Der Joghurt besteht aus verschiedenen Obstsorten, die ich vorher einkaufen werde. Die Kinder dürfen, sofern sie wollen, ihr Lieblingsobst selbst mitbringen.

2.1.1 Hintergrundwissen zu den Zutaten bzw. Hilfsmitteln:

Die **Banane** ist eine Pflanzengattung in der Familie der Bananengewächse. Das Fruchtfleisch ist essbar und schmeckt mehlig-süß.

Die **Weintraube** gehört zu der Familie der Kletterpflanzen. Weintrauben können roh gegessen, zu Rosinen getrocknet oder zu Wein oder Traubensaft verarbeitet werden.

Der **Apfel** ist eine Pflanzengattung von Kernobstgewächsen und gehört der Familie der Rosengewächse an.

Die **Kiwi** ist eine ausdauernde, verholzte, lianenartig wachsende, sommergrüne Schlingpflanze. Sie ist eine Art der Strahlengriffel.

Die **Ananas** ist eine Pflanzenart aus der Familie der Bromeliengewächse. Sie bildet fleischige Fruchtstände, die frisch verzehrt oder zu Konserven oder Saft verarbeitet werden.

Joghurt ist ein durch Milchsäurebakterien hergestelltes Nahrungsmittel aus verdickter Milch.

Das **Messer** ist ein Schneidwerkzeug das als Haushaltsgerät dient. Es verfügt über eine Klinge und einen Griff. Die Klinge besteht aus einer stumpfen (Messerrücken) und einer scharfen (Schneide) Seite.

2.1.2 Zur Handhabung eines Messers:

> ➢ Das Messer wird am Griff gehalten

- ➢ Das Messer wird nicht in oder an den Mund gehalten
- ➢ Mit der Klinge des Messers wird geschnitten
- ➢ Der Messerrücken ist oben und die Schneide unten
- ➢ Bei der Nichtbenutzung des Messers muss dieses neben dem Brettchen liegen
- ➢ Das Messer ist kein Spielzeug
- ➢ Es darf nicht über den Tisch geworfen werden
- ➢ Das Messer wird ausschließlich auf dem Brett genutzt.
- ➢ Nicht mit dem Messer im Raum umherlaufen/-rennen

2.2 Überlegungen zur methodisch- didaktischen Umsetzung

2.2.1 Prinzip des logischen Aufbaus (Verlaufsplans)

2.2.1.1 Motivationsphase

- ➢ Die Kinder sitzen anfangs im Stuhlkreis und ich werde in der Mitte Obst unter ein Tuch legen
- ➢ Jedes Kind darf vorkommen, unter das Tuch greifen und fühlen, welches Obst sich denn darunter befindet
- ➢ Anschließend frage ich die Kinder, was sie denn für ein Obst gefühlt haben
- ➢ Jedes Kind darf ein Obst unter dem Tuch hervor holen und es benennen

2.2.1.2 Überleitungen zur Durchführung:

- ➢ Bei jedem Obst wird eine Kurze Frage-Runde gemacht (z.B. „Was hat das Obst denn innen drin? Was kann man von dem Obst denn essen? (Schale, Kerne,…) Wo und wann wächst das Obst?)
- ➢ Die Kinder sollen sich hierbei mit Handzeichen melden, um Dazwischenrufe zu vermeiden, sodass jedes Kind sich zu Wort melden kann und nicht unterbrochen wird
- ➢ Die Kinder dürfen das Obst auf das Tuch legen
- ➢ Ich werde die Kinder fragen, was man denn alles aus Obst herstellen kann und sie fragen, das Thema „Obstsalat" soll hier von den Kindern angesprochen werden und ich werde ihnen erzählen, dass wir heute einen Obstsalat anfertigen wollen

- ➢ Anschließend werde ich fragen was wir denn benötigen um das Obst für den Obstsalat zu zerkleinern und ihnen ein Messer zeigen
- ➢ Ich werde die Handhabung eines Messers ansprechen (Wie man es hält, dass man nicht damit im Raum herumrennt,…)

2.2.1.3 Durchführung (Hauptteil)

- ➢ Zu beginn werden die Kinder Hände waschen gehen
- ➢ Während die Kinder ihre Hände waschen, werde ich Brettchen, Messer und kleine Handtücher (welche als Unterlage dienen) auf den Tisch legen
- ➢ Sind die Kinder fertig mit Hände waschen, dürfen sie sich jeweils ein Obst aussuchen, und es in einer großen Waschschüssel waschen, da die Waschschüssel Wassersparender ist, als der Wasserhahn
- ➢ Anschließend darf sich jedes Kind ein Brettchen, ein Messer und ein Handtuch nehmen
- ➢ Mit dem Handtuch wird als erstes das gewaschene Obst abgetrocknet, anschließend dient es als Unterlage und wird von den Kindern auf den Tisch gelegt, Messer und Brettchen kommen darauf
- ➢ Ich werde die Kinder bitten zu mir zu kommen und ihnen erklären, wie man das Obst beim Schneiden/Schälen hält und was beachtet werden muss
- ➢ Die Kinder beginnen mit Schälen und Zerkleinern des Obstes
- ➢ Bei Fragen stehe ich zur Verfügung, ich werde beobachten und gegebenenfalls Anweisungen und Tipps geben
- ➢ Das ganze Obst wird in einer Schüssel gesammelt, in welcher später Joghurt untergemischt wird
- ➢ Der Abfall (Schale und Kerngehäuse) wird in einer großen Schüssel gesammelt
- ➢ Wenn alles Obst geschnitten und der Joghurt untergemischt ist, werden die Kinder ihre Plätze aufräumen, den Tisch abwischen und die Hände waschen
- ➢ Alle (6) Kinder sind beim Aufräumen beteiligt

2.2.1.4 Überleitung zum Schluss:

- ➢ Vier Kinder werden gemeinsam den Tisch decken (Schälchen und Löffel)
- ➢ Die anderen zwei Kinder dürfen die anderen sechs Kinder der Gruppe zum essen holen

> Alle 12 Kinder werden gemeinsam Hände waschen gehen und anschließend
> wieder in die Küchenzeile kommen

2.1.1.5 Abschluss (Wiederholung/Überleitung)

> Die Kinder werden zusammen mit mir speisen und sich mit den anderen
> Kindern, die nicht dabei waren, über die Aktivität austauschen

2.2.2 Prinzip der Anschaulichkeit

> Es gibt die verschiedenen Obstsorten zum schmecken und ansehen (auch
> das Innere (z.B. Kerne))
> die Schale gibt es zum fühlen (z.b. bei der Ananas, Kiwi,…), gezielt in der
> Motivationsphase
> Die Kinder werden nicht nur mit dem Geschmack, sondern auch mit dem
> Geruch der Früchte vertraut
> Das gesamte Angebot wird in der Abgetrennten Küchenzeile stattfinden
> Durch das Erklären des Obst wird dieses für die Kinder begreifbar (z.b. „Was
> hat das Obst denn innen drin? Was kann man von dem Obst denn essen?
> (Schale, Kerne,…) Wo und wann wächst das Obst?), Auch die Handhabung
> des Messers wird durch meine Erklärung bzw. das Vorführen meinerseits
> begreifbar

2.2.3 Prinzip der Offenheit und Beteiligung

> Die Kinder dürfen selbst Obstsorten mitbringen, sofern sie wollen
> Außerdem dürfen sie sich das Obst, das sie schneiden wollen ausprobieren
> Die Kinder dürfen die Sitzordnung im Stuhlkreis und am Tisch selbst wählen

2.2.4 Prinzip des mehrkanaligen Lernens

> Vertiefungs- und Wiederholungsmöglichkeiten durch das Gespräch beim
> Obstsalat essen
> Die Kinder beobachten, durchdenken die Erklärungsschritte und wenden sie
> selbst an
> Die Kinder lernen Angst zu überwinden z.B. indem sie mit dem Messer
> umgehen

2.3 Bezug zu Rahmenvorgaben mit pädagogischen Begründungen zum Aktuellen Geschehen

2.3.1 Bildungs- und Entwicklungsfeld: Körper

➢ In den ersten sechs bis acht Lebensjahren werden wichtige Grundlagen gelegt, für ein positives Körpergefühl, Gesundheitsbewusstsein, richtige Ernährung,…(Orientierungsplan S. 72)

➢ Bewegung, ausgewogene Ernährung, ein positives Selbst- und Körperkonzept sind Motoren für die gesamte körperliche, soziale, psychische und kognitive Entwicklung (Orientierungsplan S. 72)

➢ Körperliches Wohlbefinden, Bewegung, Gesundheit und Ernährung hängen Eng zusammen. Eine bedarfsgerechte Ernährung, Essen/Trinken sind Voraussetzung für das Wohlbefinden, Leistungsfähigkeit und Gesundheit (Orientierungsplan S. 74)

➢ Die Kinder sollen ein Verständnis für die Gesunderhaltung ihres Körpers entwickeln

➢ Sie sollen sich Wissen aneignen über gesunde und ungesunde Lebensmittel und ihr Essverhalten reflektieren lernen

2.3.2 Bildungs- und Entwicklungsfeld: Sinne

➢ Essen und trinken ist mit vielfältigen Sinneserfahrungen verknüpft z.B. schmecken von Lebensmitteln (Orientierungsplan S. 81)

➢ Kinder lernen Nahrung kennen, sie entscheiden individuell was sie mögen und was sie nicht mögen (durch ihre Sinne) (Orientierungsplan S. 81)

➢ Durch das Angebot sollen die Sinne geschult und geschärft werden (druch tasten, schmecken, riechen,…)

2.3.3 Eigene Überlegungen weshalb ich dieses Angebot anbiete:

Viele Kinder ernähren sich ungesund, da die Eltern unter Zeitdruck stehen, nicht viel über gesunde Ernährung wissen oder einfach nicht so viel Geld für gesunde Lebensmittel ausgeben wollen oder es zu mühselig ist, Kindern ein vollwertiges, gesundes Essen hinzustellen oder mitzugeben.

Viel zu oft kommt Fastfood oder Tiefkühllebensmittel auf den Tisch. Die Kinder Frühstücken nicht mehr ausgewogen oder bringen ungesunden Vesper mit.

Die Folge ist eine nicht ausgewogene und ungesunde Ernährung. Es wird viel zu selten Obst und Gemüse beim Kochen verwendet, und die Kinder können zum Teil das Obst und Gemüse nicht einmal benennen.

Außerdem wird die Fähigkeit mit einem Messer umzugehen wird von den Eltern aus Angst, die Kinder könnten sich schneiden, untersagt. Sie trauen ihrem Kind zu wenig zu.

Einzelne Kinder haben schon Vorkenntnisse und Erfahrungen gesammelt beim Schneiden, aber dieser Umgang kann noch weiter verfestigt werden.

Aus diesem Grund habe ich mich bei meiner Aktivität für einen gesunden Obstjoghurt entschieden.

Mir ist wichtig, dass Kinder gesund leben. Gesunde Nahrung stärkt das Immunsystem, das heißt, man ist weniger anfällig auf Krankheiten und vitaler.

Ich denke, dass Kinder sehr gerne Obst und Gemüse essen, wenn sie es selbst zubereiten dürfen.

Die Fähigkeit Schneiden zu können ist ebenfalls sehr wichtig. Es kann möglich sein, dass auf Grund falscher Handhabung des Messers und Unwissen über die Sicherheit sich die Kinder verletzen können. Zudem ist die Gefahr sich an anderen Küchengeräten zu Verletzen ebenfalls hoch. Die richtige Handhabung wird hier verlangt.

„Hauswirtschaft ist Frauensache" ist heute nicht mehr der Fall. Für meine Aktivität werden Jungen und Mädchen mit einbezogen. Auch Jungen haben das Geschick und den Spaß daran ein Gericht zu zubereiten. Außerdem ist es mir sehr wichtig, Kinder in dem Bereich der Hauswirtschaft mit einzubeziehen um Spaß und Selbstständigkeit zu fördern.

Die Kinder bereiten diesen Joghurt vor um ihn anschließend mit der gesamten Gruppe zu verspeisen. Der Joghurt besteht aus verschiedenen Obstsorten, die ich vorher einkaufen werde. Die Kinder dürfen, sofern sie wollen, ihr Lieblingsobst selbst mitbringen.

3.0 Didaktische Analyse

3.1 Sozialformen

Die Adressaten (6 Kinder) arbeiten in Gruppenarbeit, gemeinsam an einem Tisch bzw. an zwei zusammen geschobenen Tischen. Ich möchte, dass die Kinder in Gruppenarbeit das Obst schneiden um ihr Sozialverhalten zu fördern.

Schnellere Kinder können z.b. langsameren helfen, die Kinder können sich gegenseitig Hilfestellung geben und miteinander Kommunizieren.

Auch in der Motivationsphase sind alle Kinder gemeinsam im Stuhlkreis. Hierbei soll das Sozialverhalten und das gewöhnen an Normen und Regeln gefördert werden z.B. beim Strecken.

3.2 Vorbereitungen

3.2.1 Raum und Zeit

Das Angebot wird in der Küchenzeile stattfinden, da dieser Raum Abtrennbar ist und sich, aufgrund des Hauswirtschaftlichen Angebotes, die Küche sehr gut eignet.

Der Raum ist sehr hell und hat dadurch optimale Lichtverhältnisse für das Angebot.

Da der Raum sehr groß ist, bietet er ausreichend Platz zum arbeiten.

Außerdem sind in der Küche auch die Schälchen, Löffel, Messer etc. und genügend Platz um das Obst und den Joghurt zu verstauen.

Die Kinder werden an zwei zusammen geschobenen Tischen arbeiten. Eine Sitzordnung hierbei soll es keine geben.

Das Angebot wird morgens im Freispiel stattfinden (um ca. 9:00 Uhr) und ca. 30 – 40 Minuten umfassen. Das Vespern der „Mittleren" soll an diesem Tag in Form eines gemeinsamen Müslis stattfinden.

3.2.2 Notwendige Vorbereitungen zu Hause/in der Einrichtung

➢ Ich werde vor dem Angebot Obst und Joghurt einkaufen.

➢ Ich werde nachsehen, ob in der Einrichtung genügend Messer, Brettchen und Handtücher (als Unterlage) da sind. Sollte das nicht der Fall sein, bringe ich das fehlende Material selbst mit.

➤ Außerdem werde ich an die Eltern einen Elternbrief verfassen, indem ich beschreiben werde, was ich an diesem Tag mit den Kindern machen möchte und die Eltern bitten kein Vesper mitzugeben.

➤ Tische und Stühle werde ich vor dem Angebot hinstellen.

➤ Das Obst das die Kinder mitbringen, dürfen sie mir vor dem Angebot geben, um es später auch unter das Tuch legen zu können.

➤ Das Tuch und das Obst werde ich vor dem Angebot hinlegen.

➤ Das Wasser wird von mir vor dem Angebot in die Waschschüssel gelassen.

➤ Die Fenster des Raumes werden ca. 15 Minuten vor Beginn der Aktivität gelüftet.

➤ Für den Bio-Abfall werde ich eine große Schüssel direkt auf den Arbeitstisch stellen, sodass die Kinder bei der Müllentsorgung nicht im ganzen Raum umherlaufen müssen.

➤ Außerdem werde ich vor der Aktivität einen Verbandskasten in Reichweite legen.

3.2.3 Benötigte Materialien

1x Schüssel für das Obst

1 x Müllschüssel für Bio Abfall

6 x Brettchen

6 x Obstmesser

6 x Handtücher

6 x Schürzen

6 x Handtücher als Unterlage

1 x Verbandkasten

4 x Haargummis

12 x Schüsseln und Löffeln für das gemeinsame Vespern

1 x Waschschüssel für das Obst

1 x Küchenrolle (für alle fälle ☺)

Für mich auch jeweils ein Brettchen, Messer, Haargummi, eine Schüssel/ein Löffel um später mit zu essen und eine Schürze (aufgrund der Vorbildfunktion).

2.3.4 Lernziele

2.3.4.1 Kognitive Lernziele

➤ Die Kinder eigenen sich Wissen an, durch die Motivationsphase, in der wir das Obst benennen und besprechen werden. Außerdem lernen die Kinder mehr über das Innenleben des Obstes (Kerne, Farbe,…)

➤ Außerdem wird die Sachkompetenz bei der richtigen Handhabung des Messers gelernt.

➤ Der kognitive Bereich wird durch das Begreifen verschiedener Zusammenhänge und Abfolgen abgedeckt.

➤ Hohe Konzentration, Aufmerksamkeit und Merkfähigkeit wird gefordert und auch gefördert durch ständig neue Informationen und Aufgaben (während der Motivation, während ich etwas erkläre, beim Obst schneiden,…).

2.3.4.2 Motorische Lernziele

➤ Bei dieser Aktivität wird speziell die Feinmotorik der Hände angesprochen.

➤ Auch die Koordination zwischen Auge und Hand wird beim Schneiden des Obsts geschult.

2.3.4.3 Soziale Lernziele

➤ Die Rücksichtsnahme wird in der Motivationsphase gefördert, da die Kinder sich mit Handzeichen Melden müssen und sich ausreden lassen sollen.

➤ Außerdem wird die Hilfsbereitschaft gefördert und gefordert, indem sich die Kinder gegenseitig beim Obst schneiden helfen.

➤ Auch das teilen können unter den Kindern wird gefordert und gefördert, da die Kinder nur eine Müllschale, und eine Obstschüssel haben.

➤ Die Kinder müssen

2.3.4.4 Emotionale Lernziele

➤ Durch das Erleben von wiederkehrendem Erfolg wird Selbstvertrauen aufgebaut.

➤ Die Kinder entwickeln Interesse am Obst, durch das selbständige Schneiden und das kennen lernen in der Motivationsphase.

➤ Die Kinder entwickeln Freude an gesunden Lebensmitteln und bauen durch das selbständige schneiden ihr Selbstbewusstsein auf.

4.0 Literaturangaben

Orientierungsplan für Bildung und Erziehung für die baden-württembergischen Kindergärten. Seitenzahlen: S. 72, 74, 81

Verlag: Cornelsen Verlag Scriptor (Dezember 2005)
ISBN-10: 3589245158
ISBN-13: 978-3589245154